AF331969

NOTICE

SUR

LES TRAVAUX SCIENTIFIQUES

DE

M. DE TESSAN,

INGÉNIEUR-HYDROGRAPHE (EN RETRAITE),
CORRESPONDANT DE L'INSTITUT
(SECTION DE GÉOGRAPHIE ET DE NAVIGATION).

———>○○○<———

PARIS,

MALLET-BACHELIER, IMPRIMEUR-LIBRAIRE

DU BUREAU DES LONGITUDES, DE L'ÉCOLE IMPÉRIALE POLYTECHNIQUE,
Quai des Augustins, 55.

1860

NOTICE

SUR

LES TRAVAUX SCIENTIFIQUES

DE

M. DE TESSAN.

———

SOMMAIRE. — Quatre campagnes hydrographiques sur les côtes de France. — Hydrographie des côtes de l'Algérie, des frontières de Tunis à celles du Maroc. (Atlas de treize cartes ou plans, et dix Notes scientifiques sur divers sujets.) — Voyage autour du monde sur la frégate *la Vénus*. (Atlas de dix-neuf cartés ou plans, et cinq volumes d'observations relatives à la météorologie et à la physique du globe.) Construction de trois instruments destinés à divers usages nautiques. — Diverses Commissions nautiques. — Plan de la rade de Cherbourg.

Au sortir de l'École Polytechnique, en 1824, j'entrai dans le corps des Ingénieurs-Hydrographes placé sous les ordres de M. Beautemps-Beaupré, et je fis, sous la direction de ce célèbre ingénieur, d'abord les campagnes hydrographiques de la Gironde et de Bayonne, en 1825 et 1826 ; et puis celles de Saint-Malo et de Saint-Brieuc, en 1829 et 1830.

En 1831, je fus adjoint à M. le capitaine A. Bérard,

commandant le brick *le Loiret*, pour faire la reconnaissance hydrographique des côtes de l'Algérie, récemment conquise par les armes de la France. Ce travail, étendu des frontières de Tunis à celles du Maroc, exigea trois campagnes effectuées dans les années de 1831, 1832 et 1833, et trois années de travaux sédentaires.

Un Atlas de treize cartes ou plans fut le résultat hydrographique de ces trois campagnes et des six années de travail de 1831 à 1836.

A la suite de la *Description nautique des côtes de l'Algérie*, par A. Bérard, capitaine de corvette, je publiai, en 1836, les dix Notes dont les titres suivent :

1°. Mode d'opération ;

2°. Projections verticales ou vues orthogonales ;

3°. Méthode de construction pour faire le Point, lorsqu'on est en vue de terre ;

4°. Grand théodolite de Gambey ;

5°. Dépressiomètre ;

6°. Sondes par de grandes profondeurs ;

7°. Sur les compas corrigés de la déclinaison de l'aiguille aimantée ;

8°. Sur la boussole d'inclinaison ;

9°. Méthode pour mesurer l'intensité absolue du magnétisme terrestre ;

10°. Trombes marines.

Ces dix Notes n'étaient pas encore imprimées lorsque, au mois de décembre 1836, je fus mis sous les ordres de M. le capitaine de vaisseau Du Petit-Thouars, commandant la frégate *la Vénus*, qui devait faire le tour du monde dans un but purement politique et militaire : la protection du commerce et des intérêts nationaux. Ma mission se bornait à profiter des occasions qui pourraient se présenter de faire quelque chose d'utile à l'hydrographie et à la physique du globe.

Partie de Brest le 29 décembre 1836, *la Vénus* rentrait dans ce port le 24 juin 1839, après trente mois de navigation et un parcours de 116000 kilomètres, près de trois fois la longueur de la circonférence d'un grand cercle de la terre.

En 1840, un Rapport fut fait à l'Académie sur les documents scientifiques recueillis pendant ce voyage, au nom d'une Commission composée de MM. Beautemps-Beaupré, de Blainville, Elie de Beaumont, et Arago rapporteur. (Il se trouve en tête du t. V de la *Partie physique* de ce voyage.)

Le résultat de cette campagne fut, sous le rapport hydrographique, un Atlas de dix-neuf cartes ou plans, et sous le rapport physique, cinq volumes, dont les deux premiers contiennent le détail des observations météorologiques; le troisième, le détail des observations magnétiques; le quatrième, le détail des observations de marées, et les résumés de toutes les observations relatives à la physique du globe. On trouve notamment dans ce dernier volume :

La carte des températures de la mer et des courants, p. 340 ;

Les anomalies des températures de la mer, p. 341 à 352 ;

Le tableau des grandes sondes thermométriques, p. 388 et 389;

Le tableau des variations diurnes de la déclinaison de l'aiguille aimantée, p. 436.

Le cinquième volume enfin contient, outre le Rapport de M. Arago, le journal des observations détachées et remarques diverses faites dans le cours de ce voyage, avec une révision générale et des considérations sur tous les résultats scientifiques obtenus.

Dans l'impossibilité de résumer ce que contient ce volume, traitant de tant de sujets divers et relatifs à tant de lieux différents, parlant à peu près de tout ce qui a fixé mon attention durant ce long voyage, dont la Table des Matières n'occupe pas moins de 25 pages, et qui d'ailleurs fut, dans le temps, distribué à tous les Membres de l'Académie, je me bornerai à indiquer ici quelques articles sur lesquels je désire attirer plus particulièrement l'attention.

1°. Explication du bruit du tonnerre, p. 96 à 99.

2°. Sur le mécanisme et la théorie du vol des oiseaux, p. 107 à 118, et 268 à 270.

3°. Sur la formation et la propagation des vagues, p. 121 à 139.

4°. Sur la désagrégation des roches dans les environs du Callao de Lima, p. 150 à 152.

5°. Sur une grande falaise de cailloux roulés contenant des débris de poteries, p. 152 à 155.

6°. Sur du bois de sapin revenu fondrier d'une grande profondeur dans l'eau, p. 164 et 165.

7°. Sur les courants de la mer, p. 166 à 172.

8°. Dépression de l'horizon coïncidant avec une transparence extraordinaire de l'air, p. 193 et 194.

9°. Sur les tremblements de terre à Acapulco, p. 196 à 205.

10°. Sur la possibilité de mesurer la plus grande

profondeur de la mer par le moyen de bombes, p. 226 et 227.

11°. Solution d'un problème d'hydrographie, p. 233 et 234.

12°. Position à donner à un bâtiment par rapport à un point dont on veut déterminer la position par des observations astronomiques faites à bord, p. 234 à 238.

13°. Sur le problème des levers sous voile, p. 238 à 241.

14°. Trois sortes de courants fermés dans la mer, p. 253 à 255.

15°. Sur les relèvements des points les uns par les autres, p. 257 à 259.

16°. Aurores australes et boréales, p. 270 à 277.

17°. Explication des teintes dans les magnifiques crépuscules des régions tropicales, p. 280 à 290.

18°. Explication de l'auréole que l'on voit autour de l'ombre de la tête projetée sur la mer, p. 290 à 296.

19°. Remarques sur l'expression, *rayonner vers les espaces célestes*, p. 298 à 300.

20°. Sur la formation des nuages parasites et des nuages des vents alizés, p. 305 à 314.

21°. Sur la mer de varechs, p. 321 et 322.

22°. Direction suivant laquelle les positions calculées peuvent surtout être déplacées, p. 330 et 331.

23°. Sur les marées, p. 338 à 346.

24°. Sur les vents tourbillonnants, aux limites Nord et Sud des vents alizés, p. 378.

25°. Distribution générale des courants à la surface de la mer, p. 381 à 384.

26°. Courants superposés dans la mer, p. 392 et 393.

27°. Formules pour calculer la valeur exacte de l'inclinaison de l'aiguille aimantée, sans être obligé de changer les pôles, p. 400 à 404.

28°. Sur la possibilité de déterminer l'intensité absolue du magnétisme terrestre au moyen de barreaux de fer doux, p. 407 et 408.

29°. Il n'y a pas sur le globe de ligne où la variation diurne de l'aiguille aimantée soit nulle, p. 417 et 418.

30°. Mode d'inversion du mouvement de l'aiguille de variation diurne, en passant d'un hémisphère à l'autre, p. 459 à 462.

31°. Définition des points et lignes magnétiques à la surface de la terre, dégagée de toute considération étrangère au magnétisme, p. 464 à 465.

32°. Considérations générales sur les phénomènes du magnétisme terrestre, p. 466 à 472.

Des erreurs s'étant glissées à l'impression dans les formules que contiennent les pages 140 et 141 de ce cinquième volume, je profite de cette occasion pour les rectifier.

Il faut lire de la ligne 20, p. 140, à la ligne 18, p. 141 :

« Maintenant, si l'on appelle

$$\chi_d(t),\ \chi_{d+1}(t),\ \ldots\ \chi_{n-1}(t),\ \chi_n(t),\ \chi_{n+1}(t),\ \ldots\ \chi_{x-1}(t),\ \chi_{x+1}(t),\ \ldots$$
$$\ldots\ \chi_{y-1}(t),\ \chi_{y+1}(t),\ \ldots\ \chi_{a-1}(t),\ \chi_a(t),$$

» des fonctions entièrement arbitraires de t, assujetties
» seulement à ne pas devenir infinies respectivement
» pour

$$t = t_d,\ t = t_{d+1},\ \ldots\ t = t_{n-1},\ t = t_n,\ t = t_{n+1},\ \ldots$$
$$\ldots\ t = t_{x-1},\ t = t_{x+1},\ \ldots\ t = t_{y-1},\ t = t_{y+1},\ \ldots\ t = t_{a-1},\ t = t_a;$$

» et qu'on prenne $\varphi(t)$ égal au produit

$$\int_{t_d}^{t}\chi_d(t)\,dt \int_{t_{d+1}}^{t}\chi_{d+1}(t)\,dt\ldots \int_{t_{n-1}}^{t}\chi_{n-1}(t)\,dt \int_{t_{n+1}}^{t}\chi_{n+1}(t)\,dt\ldots$$

$$\ldots\int_{t_{x-1}}^{t}\chi_{x-1}(t)\,dt \int_{t_{x-1}}^{t}\chi_{x+1}(t)\,dt\ldots \int_{t_{y-1}}^{t}\chi_{y-1}(t)\,dt \int_{t_{y+1}}^{t}\chi_{y+1}(t)\,dt\ldots$$

$$\ldots\int_{t_{a-1}}^{t}\chi_{a-1}(t)\,dt \int_{t_a}^{t}\chi_a(t)\,dt.$$

» La fonction $\varphi(t)$ se réduira à zéro pour toutes les
» valeurs suivantes de t :

$$t_d,\ t_{d+1},\ldots\ t_{n-1},\ t_{n+1},\ldots\ t_{x-1},\ t_{x+1},\ldots\ t_{y-1},\ t_{y+1},\ldots\ t_{a-1},\ t_a.$$

» Il en sera de même de la fraction $\dfrac{\varphi(t)}{\varphi(t_n)}$, qui en
» outre se réduira à l'unité pour $t = t_n$. De plus, la
» fonction $\varphi(t)\displaystyle\int_{t_n}^{t}\chi_n(t)\,dt$ se réduira à zéro pour ces
» mêmes valeurs de t, et en outre pour la valeur
» $t = t_n$.

» Cela posé, on voit facilement que l'expression la
» plus générale de la fonction $f(t)$ se composera d'une
» suite de termes de la forme : $\dfrac{\varphi(t)}{\varphi(t_n)}\,f(t_n)$, et d'un der-
» nier terme de la forme : $\varphi(t)\displaystyle\int_{t_n}^{t}\chi_n(t)\,dt$. En sorte
» que la valeur la plus générale de $f(t)$ peut être
» représentée par

$$(2)\qquad f(t) = \sum\left[\frac{\varphi(t)}{\varphi(t_n)}\,f(t_n)\right] + \varphi(t)\int_{t_n}^{t}\chi_n(t)\,dt,$$

» la somme Σ s'étendant à toutes les valeurs

$$f(t_d), f(t_{d+1}), \ldots f(t_{n-1}), f(t_n), f(t_{n+1}), \ldots f(t_{x-1}), f(t_{x+1}), \ldots$$
$$\ldots f(t_{y-1}), f(t_{y+1}), \ldots f(t_{a-1}), f(t_a);$$

» et les fonctions χ variant d'ailleurs tout à fait arbi-
» trairement d'un terme à l'autre de cette expres-
» sion. »

De 1845 à 1847, j'ai fait construire trois instruments destinés à divers usages nautiques.

Le premier était un compas de route qui devait,
au moyen d'une sonnerie électrique, avertir le capitaine de tout changement opéré sans son ordre dans
la direction de la route. Cet instrument, construit
par M. Froment avec toute l'habileté et la sagacité
que l'on connaît à ce savant ingénieur construc-
teur, remplissait parfaitement son but à terre. Mais
n'ayant pas eu l'occasion de naviguer depuis son
achèvement, je ne puis dire s'il l'eût aussi bien rempli
à la mer. Je ne puis dire si l'oxydation des pièces
délicates qui entrent dans sa construction n'aurait
pas mis obstacle à la transmission des courants élec-
triques, transmission qui se faisait par le simple contact
de pièces métalliques.

Le second instrument, devant servir à mesurer les
distances, a été construit par M. Brunner. Il fonction-
nait bien à terre placé sur un pied; mais il n'eût
certainement pas pu fonctionner à la mer, à cause de
son poids, trop considérable pour qu'il pût être long-
temps tenu à la main. Le corps de l'instrument aurait
dû être fait en bois léger au lieu d'être fait en cuivre.

Le troisième instrument était un baromètre raccourci que je présentai, vers 1846, à la Société Phi-

lomathique, et qui fut construit par Bunten. Il était formé d'un tube doublement recourbé en siphon, et sa longueur était à peu près la moitié de celle du baromètre ordinaire. De l'air, à la pression d'une demi-atmosphère environ, était confiné entre la cuvette du premier siphon et le sommet de la colonne de mercure du second siphon. La hauteur du mercure dans le premier siphon donnait la mesure de la pression de cet air confiné, et la hauteur du mercure dans le second siphon donnait la mesure de la différence de cette pression à celle de l'atmosphère qui pressait sur la cuvette de ce second siphon. La somme des deux hauteurs donnait donc la mesure de la pression atmosphérique, quelle que fût d'ailleurs la pression actuelle de l'air confiné. Les chances de rupture d'un baromètre par suite de chocs étant sensiblement proportionnelles au carré de la longueur de cet instrument, je pouvais légitimement espérer qu'un baromètre ainsi raccourci serait d'une conservation plus facile à bord d'un bâtiment. Mais la même cause qui m'a empêché d'essayer à la mer les deux précédents instruments m'a également empêché d'essayer celui-ci.

En 1847, je fus envoyé à Bordeaux pour y faire partie d'une Commission d'enquête chargée de donner son avis sur le projet de construction d'un nouveau pont sur la Garonne, à 800 ou 1000 mètres en amont de l'ancien, et devant servir à relier entre eux les deux tronçons du chemin de fer de Paris à la frontière d'Espagne.

A la fin de la même année, je reçus l'ordre de me préparer à faire, en 1848, la reconnaissance hydrographique du détroit de Gibraltar et de la côte du

Maroc jusqu'à la frontière de l'Algérie. Mais les événements politiques de cette dernière année firent ajourner ce travail.

En 1848, je fus envoyé à Carantan (département de la Manche) pour y présider une Commission d'enquête chargée de donner son avis sur une question relative aux *tanguières*. Un intérêt particulier, mais très-puissant, était en opposition avec l'intérêt général, avec l'intérêt de tous les agriculteurs à 30 lieues à la ronde, qui trouvent un très-grand avantage dans l'emploi de la *tangue* comme engrais azoté et comme amendement. La Commission, dont je fus le secrétaire en même temps que le président, conclut à la conservation des *tanguières*.

Mais l'intérêt particulier insistant, cette même question reparut devant une haute Commission réunie au Ministère de l'Agriculture et du Commerce. J'y fus appelé, et pus faire remarquer à l'un des membres de cette Commission une erreur de chiffre qui s'était glissée dans son beau et consciencieux travail sur la composition chimique des *tangues*, erreur qui en altérait les conclusions. En effet, ces conclusions étaient que, sous le rapport de l'azote, il fallait 30 mètres cubes de *tangue moyenne* pour équivaloir à 1000 kilogrammes ou 1 mètre cube de fumier de ferme, et que, par suite, la grande efficacité reconnue de ce produit naturel sur les cultures ne pouvait être attribuée à l'azote qu'il contient. Tandis que le résultat des analyses de ce beau travail était que 3 mètres cubes de *tangue moyenne* équivalent, en azote, à 1 mètre cube de fumier de ferme, et que pour les meilleures *tangues*, celles qui sont le plus recherchées des agriculteurs, 4 mètres cubes de *tangue* équivalent à 3 mètres cubes de fumier de ferme. Ce qui, indépendamment de sa teneur en sels phosphatés, explique suffisamment le haut prix que les agriculteurs attachent à la conservation des *tanguières*.

En 1851, je fus envoyé à Cherbourg pour en sonder la rade, et étudier les changements qui pourraient y être survenus depuis 1832, époque où, la digue n'étant pas encore terminée, cette rade avait été sondée par les ingénieurs-hydrographes sous les ordres de M. Beautemps-Beaupré. On craignait un ensablement de la passe de l'Est, et un envasement du fond de la rade, près du port.

Le résultat de ce travail fut des plus rassurants : je ne pus constater aucun changement important dans le brassiage ; et quant à la vase que le plomb de sonde rapporte des points d'où jadis il ne rapportait que du sable, elle était, après dix-neuf ans d'accumulation, en couche si mince, le cours d'eau douce qui l'apporte est si faible et si peu limoneux, que l'on n'en peut concevoir aucun crainte prochaine pour la rade.

Un autre fait que je fus heureux de constater dans ce travail, c'est la grande précision avec laquelle mon ancien collègue, M. Chazallon, est parvenu, à force d'étude et de persévérance, à représenter par une formule le mouvement de la marée dans le port de Cherbourg.

M. Chazallon avait bien voulu me donner, avant mon départ de Paris, avec la valeur des constantes, la formule qui, suivant ses recherches, devait représenter la hauteur du niveau de l'eau à toute heure de la journée, c'est-à-dire en fonction du temps. Je cal-

culai avec cette formule, de quart d'heure en quart
d'heure, la hauteur de l'eau au-dessus du zéro de ré-
duction des sondes de l'ancien plan (1832), et arrivé
à Cherbourg, je me fis donner par l'observateur des
marées le relevé quotidien, pour les mêmes heures,
des hauteurs accusées par les courbes du maréographe, et, en les comparant aux hauteurs calculées pour
les huit premiers jours, je pus constater que les écarts
ne portaient que sur les centimètres et rarement sur
les décimètres. En sorte que par la suite je pus, à l'aide
du tableau que j'avais calculé, réduire par la pensée
les sondes au fur et à mesure qu'elles étaient faites,
comparer immédiatement le brassiage actuel à celui
de 1832, et m'assurer ainsi que sa variation était gé-
néralement insignifiante. Ce qui, du reste, a été plei-
nement confirmé depuis par les réductions définitives
faites à l'aide des hauteurs de l'eau données par le
maréographe. C'est là un résultat vraiment admirable
des persévérantes recherches de mon ancien collègue,
M. Chazallon.

Ce travail de sondage était à peine terminé, que je
fus envoyé à Rouen comme vice-président d'une
Commission nautique chargée de donner son avis sur
les travaux d'endiguement submersible en cours
d'exécution dans la basse Seine.

Cette enquête, dont la direction me fut confiée par
le président, fut favorable à la continuation des travaux. Mais elle fit connaître aux ingénieurs l'existence
ignorée d'un banc de roches qui barre la Seine de la
pointe de Quillebœuf à celle de Tancarville. L'existence de ce banc était du reste rendue probable
à priori par la configuration géologique du sol, par

la différence considérable de vitesse du courant du fleuve en aval et en amont de la ligne de jonction de ces deux pointes, et par l'inspection du profil longitudinal du niveau de la Seine tracé par les ingénieurs des Ponts et Chaussées.

En 1854 et 1855, j'ai été porté comme candidat pour les places laissées vacantes dans la Section de Géographie et de Navigation par M. l'amiral Roussin et par M. Beautemps-Beaupré, et l'Académie a bien voulu en 1858 me nommer Correspondant de cette Section en remplacement de mon ami M. Lottin.

Paris. — Imprimerie de MALLET-BACHELIER, rue de Seine-Saint-Germain, 10, près l'Institut.